2 Février 1885.

Vente du Lundi 2 Février 1885

HOTEL DROUOT, SALLE N° 5

CURIOSITÉS

ET

OBJETS D'ART

Beaux Chenets Louis XVI en bronze doré

ARMES — BRONZES — ÉTOFFES

OBJETS DE VITRINE

PORCELAINES, FAIENCES, GRÈS

TABLEAUX, DESSINS

EXPOSITION PUBLIQUE

Le Dimanche 1er Février 1885, de une heure à cinq heures.

Mᵉ Maurice DELESTRE

COMMISSᵉ-PRISEUR

rue Drouot, n° 27

M. B. LASQUIN

EXPERT

rue Laffitte, n. 12

PARIS — 1885

Vve RENOU ET MAULDE

IMPRIMEURS DE LA COMPAGNIE DES COMMISSAIRES-PRISEURS

Rue de Rivoli, 144

CATALOGUE

DE

CURIOSITÉS

ET

D'OBJETS D'ART

ARMES — BRONZES — ÉTOFFES

Beaux Chenets Louis XVI en bronze doré

OBJETS DE VITRINE

PORCELAINES, FAIENCES, GRÈS, BOIS SCULPTÉS

TABLEAUX, DESSINS, GRAVURES

CADRES

DONT LA VENTE AURA LIEU

HOTEL DROUOT, SALLE N° 5

Le Lundi 2 Février 1885

A DEUX HEURES

Par le ministère de Mᵉ **MAURICE DELESTRE**, Commissaire-Priseur
rue Drouot, 27,
Assisté de **M. B. LASQUIN**, Expert, rue Laffitte, 12.

EXPOSITION PUBLIQUE

Le Dimanche 1ᵉʳ Février 1885, de une heure à cinq heures.

—

PARIS — 1885

CONDITIONS DE LA VENTE

Elle sera faite au comptant.

Les Acquéreurs paieront CINQ POUR CENT en sus du prix d'adjudication.

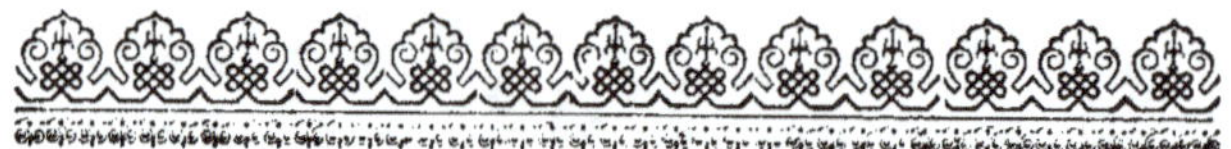

DÉSIGNATION

BRONZES ET CUIVRES

1 — Deux beaux et grands Chenets du temps de
    Louis XVI, en bronze finement ciselé et doré,
    modèle à vases cannelés ornés de festons de
    lauriers et reposant sur des socles carrés can-
    tonnés par des consoles à feuilles d'acanthe et
    des rosaces; les galeries de forme cintrée,
    ornées de rosaces dans des losanges, sont
    terminées par des gaines avec flammes.

2 — Deux petits Chenets du temps de Louis XVI, en
    bronze doré, modèle à vases, feuilles d'eau et
    fleurs.

3 — Pendule Louis XIV et sa Console en marqueterie
    de cuivre, avec ornements d'applique et figures
    en bronze.

4 — Pendule religieuse à colonnettes plaquées d'écaille,
    à bases et chapiteaux d'ivoire; elle est accom-
    pagnée d'un support garni en velours.

5 — Belle Garniture de trois pièces en émail cloisonné,
    à fleurs multicolores sur fond turquoise : Jar-
    dinière ovale et deux Lampes à gaz. Monture
    en bronze de style chinois.

6 — Deux beaux Supports en bronze, de style
    chinois, enrichis d'ornements en émail cloi-
    sonné.

7 — Baigneuse debout, statuette en bronze italien du
   XVIe siècle.

8 — Statuette de femme en bronze sur socle en marbre
   rose romain.

9 — Coupe en bronze à têtes de satyres. Epoque
   empire.

10 — Flambeau Louis XIII. en bronze doré formé d'une
   chimère.

11 — Garniture de commode en bronze Louis XVI.

12 — Deux petites Tonnelles en cuivre doré garni de
   fleurs en porcelaine et sur terrasse rocaille.

13 — Deux Flambeaux en cuivre formés d'hermès.

14 — Deux Plats anciens en cuivre repoussé.

15 — Bassinoire et un Moule en cuivre repoussé.

16 — Fontaine et son Bassin en cuivre rouge repoussé.

17 — Autre Fontaine de même travail.

18 — Cinq Cafetières en cuivre repoussé.

19 — Fontaine en étain.

20 — Belle Soupière Louis XV en étain.

ARMES

21 — Beau Morion italien du XVIe siècle, en fer ciselé
   et gravé, à riche décor de médaillons à têtes de
   femmes, de trophées guerriers et de rinceaux
   ressortant sur fond piqueté et doré.

22 — Arquebuse allemande à rouet du XVIIe siècle ;
   canon à pans au nom d'Adam Hechenberger,
   1667 ; platine décorée d'ornements en relief ;
   fût incrusté d'ivoire et de nacre à animaux et
   arabesques, portant les initiales J. K. et la
   date 1674.

23 — Arquebuse à rouet du XVIIe siècle; canon à pans gravés, fût enrichi d'incrustations d'ivoire et de nacre gravés, représentant des animaux, des chimères et des arabesques entremêlés de perles.

24 — Arbalète du XVIIe siècle, plaquée d'os à filets et accompagnée de quatre flèches.

25 — Arbalète analogue à la précédente.

26 — Fusil circassien à canon de damas ronceux, damasquiné d'or, batterie à ornements dorés, fût en cuivre avec garniture en argent niellé.

27 — Fusil circassien à canon ronceux damasquiné d'or.

28 — Epée espagnole à large lame gravée, à inscription; garde unie à double coquille, pas d'âne et quillons courbés vers la pointe.

29 — Epée Louis XIII en fer incrusté d'argent.

30 — Autre Epée ajourée et dorée.

31 — Fourreau Louis XV en cuivre.

32 — Salade à timbre cannelé et Couvre-Nuque composé de cinq lames à recouvrement.

33 — Cabasset terminé au sommet par un ergot.

34 — Plastron en acier poli.

35 — Bouclier ovale en fer repoussé, décoré d'un masque laumien. Travail Italien.

36 — Sabre de cavalerie du premier Empire. Fourreau et poignée en bronze ciselé et doré.

37 — Deux sabres de cavalerie, garniture en cuivre doré.

38 — Couteau de chasse avec Fourreau en cuivre doré, représentant un combat.

39 — Trousse écossaise : poignard, fourchette et couteau, un manche de bois simulant un jonc tressé; garniture du fourreau en métal argenté.

40 — Trompe de chasse en ivoire sculpté aux armes de Pologne et décoré de cavaliers combattant un ours.

41 — Couteau de chasse à lame gravée, poignée en
bois noir, garniture en argent.

42 — Un petit Poignard.

43 — Trois Pièces : hausse-col, éperons, etc.

44 — Yatagan, lame en damas, poignée en corne,
fourreau en cuivre avec garniture en métal
argenté.

45 — Sabre oriental à lame gravée, portant un crucifix,
poignée et fourreau en cuivre, avec garniture
en cuivre, gravé et doré.

46 — Sabre japonais à pommeau, garde et coulant en
fer ciselé et doré, fourreau revêtu d'une feuille
d'argent vermiculé.

47 — Sabre turc, lame à inscriptions, fusée en morse,
quillons dorés.

48 — Sabre oriental, garniture en acier ciselé et quillon
ajouré.

49 — Autre Sabre oriental, garniture en fer à ornements dorés.

50 — Un Sabre et un Épée.

51 — Poignard oriental, lame gravée à ornements en
relief, poignée en morse garnie de coraux.

52 — Petit Couteau à poignée d'agate.

53 — Criss malais à lame ondulée dont le milieu est
occupé par un serpent.

54 — Cimeterre indien, Poignée à double rondelle.

55 — Yatagan, Poignée en morse, Fourreau en cuivre.

OBJETS DE VITRINE, CURIOSITÉS

56 — Boîte Louis XVI en écaille piquée d'or.

57 — Boîte en cuivre gravé, Porte-Poids en bronze
Louis XIV, Crosse de fusil Louis XV ornée
d'un sujet galant.

58 — Boîte à couleurs, ornée d'une peinture : Scène de Buveurs d'après Hogarth.

59 — Etui à aiguilles à tricoter en argent, époque Louis XVI.

60 — Châtelaine Louis XVI en cuivre doré.

61 — Montre en argent, ornée de Strass.

62 — Porte-Montre Louis XIII en écaille garnie d'argent ; Porte-Epingles en acier ; Tabatière en forme de chapeau.

63 — Tête de femme en fer forgé.

64 — Deux miniatures, Portraits de femme.

65 — Deux jolis fixés : Paysages.

66 — Coffret à bijoux Louis XIII en bois d'ébène à tiroirs, ornés de Mascarons en argent.

67 — Trois Boîtes en maroquin ornées de dorures aux petits fers.

68 — Instrument de musique de forme lyre, époque Louis XVI.

69 — Email encadré.

70 — Triptyque en Email, dans un cadre.

BOIS SCULPTES

71 — Beau Lustre en bois sculpté et doré à douze lumières supportées par des coursiers attelés au Char d'une déesse, époque Empire.

72 — Trois beaux Panneaux Louis XV en bois sculpté.

73 — Frise Louis XVI en bois finement sculpté.

74 — Autre frise Louis XVI.

75 — Panneau en bois sculpté à feuilles et fleurs, époque Louis XVI.

76 — Pupitre Louis XIII ; Glace Louis XVI ; Thermomètre Louis XV, en vernis Martin.

77 — Quatre Chaises Renaissance en bois sculpté, travail italien.
78 — Escabeau Gothique en bois sculpté.
79 — Deux Cadres anciens, en bois sculpté.

———

PORCELAINES, FAIENCES, GRÈS

80 — Deux Tasses et deux Soucoupes en porcelaine de
Sèvres, pâte tendre, décor à fleurs et à filets
bleus.
81 — Une Soucoupe en Sèvres, pâte tendre, fond vert
à œils de perdrix et Médaillons de roses. Plus
une Tasse en Sèvres pâte dure.
82 — Cinq Tasses et six Soucoupes en ancienne porcelaine de Vienne, décorée de fleurs.
83 — Quatre Tasses et cinq Soucoupes en ancienne
porcelaine de Hœchts, à décor de fleurs,
84 — Cinq pièces Saxe : Compotier, Soucoupe et trois
Tasses.
85 — Sept Tasses et huit Soucoupes en porcelaine
tendre de Tournai.
86 — Pendule en Saxe moderne.
87 — Grand Plat rond en ancienne porcelaine du
Japon, à médaillon de fleurs sur fond noir.
88 — Deux Plats ronds en Japon bleu rouge et or à
fleurs et ornements.
89 — Deux grandes Lampes forme gourdes en porcelaine de Chine, décor à personnages avec mon-
ture en bronze.
90 — Dix-sept pièces en Japon, à décor bleu : Assiettes, Plats, Saucières, etc.
91 — Sucrier et Théière en ancienne porcelaine de
Chine, famille verte.

92 — Deux très grands Vases en faïence italienne, à décor polychrome d'armoiries et de festons fleuris.

93 — Grand Plat rond en faïence de Rouen, à décor bleu à lambrequins.

94 — Autre grand Plat rond, à médaillon représentant une scène à personnage dans le goût chinois. Marli à lambrequin.

95 — Grand Plat rond en faïence de Moustier, à décor bleu, à sujet de chasse, d'après Tempesta.

96 — Plat ovale en faïence de Rouen, décor à la corne.

97 — Un Plat et deux Assiettes en faïence.

98 — Trente-quatre pièces en anciens grés.

ÉTOFFES ANCIENNES

99 — Très beau lambrequin à bandes de linceaux en argent, brodés en haut-relief sur damas de soie blanc, bordé d'une frange soie et or, xviiᵉ siècle.

100 — Lambrequin en velours de Venise à ornements fauves sur ton vert clair, xviᵉ siècle.

101 — Chape en brocatelle de soie rouge sur fond blanc, à franges et galons.

102 — Portière en soie tissée d'argent à vases de fleurs et entourage en soie lamée or.

103 — Jupe en ancien damas rouge à fleurs tissées en argent et soie verte.

104 — Lambrequin formé d'une Chape en ancienne brocatelle, à ornements en rouge sur fond blanc.

105 — Habit Louis XVI en velours violet à reflets, brodée de soie, à fleurs et rehaussé de paillettes.

106 — Habit Louis XVI, en drap marron orné de jolies broderies à fleurs en soie de couleurs.

107 — Grand Lambrequin formé d'une chape en soie damassée, fond crème brodée à larges fleurs et rinceaux en soie de couleurs.

108 — Chasuble et Couvre-Calice en ancienne brocatelle, à fond rouge satiné et ornements brochés blanc.

109 — Lambrequin en soie jaune, applique d'ornements en soie et argent.

110 — Trois Coupons en ancien satin cerise broché, à vases de fleurs en camaïeu.

111 — Jupe en taffetas de soie blanche, brodée au cordonnet.

112 — Guipures italiennes plusieurs bandes, et entre-deux sous ce numéro.

113 — Une Chasuble ancienne, en étoffe, tissée d'argent, belle conservation.

114 — Six Chasubles Louis XIII et Louis XIV.

115 — Trois dessous de Saint-Ciboire, un devant de Corsage, un petit Bonnet tissé d'argent, un Ecran en tapisserie,

116 — Carpette persane fond rouge, à bordure fond blanc.

117 — Autre Tapis persan, velouté à ornements sur fond bleu, et bordure à fond blanc.

118 — Fragment de Tapisserie Louis XIII, à sujet de chasse.

TABLEAUX

119 — **Burlin** (A.). Marine.

120 — **Caresme** (Attribué à). Grisaille.

121 — **Coudderc**. La Liberté.

122 — **Crepin**. Marine.

123 — **Cuyp** (attribué à A.). Bestiaux.

124 — **Devillers**. Paysage.

125 — **Drolling**. Soldats au cabaret.

126 — **Hyon**. Chasseurs à pied.

127 — **Mallebranche** (attribué à). Étude.

128 — **Pécrus**. Scène d'intérieur, époque **Henri** II.

129 — **Schalken**. Le tueur de porcs.

130 — **Schreel** (J.-A.). Marine.

131 — **Inconnu**. Portrait de Marie Leczinska. Cadre en
    bois sculpté.

132 — **Inconnu**. Scène mythologique.

133 — **Inconnu**. Portrait de femme.

134 — **Inconnu**. Paysage du Jura.

135 — **Inconnu**. Paysage.

DESSINS ET GRAVURES

136 — **Boucher**. Femme assise ; dessin.

137 — **Bril** (Mathieu). Ruines dans la campagne ro-
    maine ; dessin.

138 — **Draamann**. Têtes d'expressions sanguine.

139 — **Chardin**. Tête de vieille femme, dessin à la san-
    guine.

140 — **Faëes** (Van der). Portrait d'une Reine d'Angle-
    terre ; beau dessin.

141 — **Lépicié**. Tête de jeune homme, dessin.

142 — **Mallet**. Jeune femme debout ; gouache.

143 — **Moreau**. Paysage ; gouache.

144 — **Palianti**. Paysage (Aquarelle).

145 — **Palianti**. Paysage (Aquarelle).

146 — **Vigée-Lebrun**. La tendresse maternelle ; san-
    guine.

147 — **Inconnu.** Femme et Enfant ; dessin à la sanguine.
148 — **Inconnu.** Vue du vieux Rouen ; dessin.
149 — **Inconnu.** L'escalier des géants (Aquarelle).
150 — **Inconnu.** Trois dessins encadrés.
151 — **Inconnu.** Trois dessins en feuilles.

GRAVURES

152 — **Delaunay.** C'est papa ? Gravure d'après Van
Gorp.
153 — **Janinet.** Vue du Champ de Mars le jour du ser-
ment civique ; gravure en couleur.
154 — **Helman.** Exécution de Marie-Antoinette ; gravure avant le numéro.
155 — **Lempereur.** L'enlèvement d'Europe ; gravure.
156 — **Divers.** Quatre gravures : La Récompense, la
Tendresse maternelle, un sujet mythologique
avant la lettre, portrait de Boileau d'après
Rigaud.
157 — Sous ce numéro vingt-sept pièces tableaux, dessins et gravures.
158 — Fort lot de livres.

Vve RENOU et MAULDE, imprimeurs de la Compagnie des Commissaires-Priseurs,
rue de Rivoli, 144   300—54318

* 9 7 8 2 3 2 9 5 2 4 0 3 0 *